MAX BENSE

Ptolemäer und Mauretanier

oder
Die theologische Emigration
der deutschen Literatur

Haffmans Verlag

Die Erstausgabe erschien 1950
im Verlag Gustav Kiepenheuer, Köln und Berlin.
Die Nachbemerkung entstand
anläßlich dieser ersten Neuausgabe.

Umschlagzeichnung von Bettina v. Bülow

1.—2. Tausend, September 1984

Copyright © 1984 by
Haffmans Verlag AG Zürich
Satz: Fosaco AG, Bichelsee
Druck: Benziger, Einsiedeln
ISBN 3 251 00046 2

Widerstehe den Anfängen!

Inhalt

VORWORT ÜBER DAS MOTTO

Man hat immer einen Vorgänger; auch darin, daß man einigen Schriftstellern von Rang ästhetische und moralische Regeln empfiehlt. Es gibt Zeiten, in denen das notwendig ist; Zeiten, in denen man im Umgang mit Schriftstellern die Erfahrung macht, daß auch sie gewissen Anfängen nicht zu widerstehen vermochten und den Gehorsam über den Ungehorsam stellten.

Natürlich verfassen wir hier keine Anleitung zum offenen Aufstand der Schriftsteller; wir versuchen nur, uns einen Einblick in die Geistesverfassung einiger Autoren zu verschaffen, die in einem solchen Aufstand — der eine rein intellektuelle Handlung wäre — eine Rolle spielen könnten. Wir interessieren uns gleichsam für den verborgenen Funktionär . . .

Das ist eine Art von Literaturbetrachtung, die sich derjenige erlauben kann, für den ein Leben ohne Literatur zugleich ein Leben ohne den sublimsten Lebensgenuß wäre und für den es eigentlich nur zwei wesentliche aktive Zeichen menschlicher Existenz gibt: Technik und Literatur. Was sich dazwischen ausbreitet an Wissenschaft, Kunst und Philosophie bedarf so sehr der Vita contemplativa, daß der sinnvolle öffentliche Bezug sozusagen daraus verschwindet und die esoterische Geste zum eigentlichen Vergnügen des Geistes wird.

Wenn die Welt, in der man lebt, keine Bewunderung, keine Neugier, vielleicht noch nicht einmal mehr Abscheu verdient, weil sie längst mit einer bewohnbaren Haut überzogen wurde, die man selbst verfertigte, beginnt das Subjekt sich selbst ohne Interesse zu gefallen, und was daraus entsteht, ist eine Art der Literatur, in der ein Autor sich keine Welt vorspielt, sondern sich selbst der Welt vorspielt. Spielen hat etwas mit Leichtigkeit zu tun, das Spiel macht leichter; man vergißt die Torturen; man erleichtert sich, wenn man mit Spaß oder Ingrimm von sich selbst berichtet

— aber so, daß man zugleich zu seinen eigenen Lesern gehört. Alle Autoren, die gegenwärtig am Spiel oder an der Aufgabe beteiligt sind, haben sich selbst zum Leser. Einer der Menschen, aus denen man zusammengesetzt ist, wird sicher dabei verzehrt, indes ein anderer zu einem rundlichen Körper ausstaffiert wird.

Das mögen einige der Gründe sein, die Thomas Manns »Roman eines Romans«, Jüngers »Strahlungen« und Benns »Ptolemäer« verursachten, Bücher, in denen vom Autor, nicht von der Welt die Rede ist.

Natürlich gibt es Stufen in diesem Zerfall der »buchenswerten« Welt zugunsten der Saturierung des »buchenswerten« Selbst; es sind die Stufen einer rabulistischen Technik der öffentlichen, nicht der intimen Beichte, in deren Tradition die »Exerzitien« des Ignatius ebenso vorkommen wie die »Pensées« von Pascal oder die »geheimen Blätter« des Samuel Pepys. Man wird zugeben müssen, daß Thomas Manns »Roman« uns wenigstens die Verwüstung des ursprünglichen sinnvollen Objekts eines Romans noch vorführt; er verzehrt es sozusagen vor unseren Augen; denn gemeint waren die Stadien eines Buches, aber verfertigt wurden ja schließlich die Stadien eines Autors. Jüngers »Strahlungen« hingegen sind beinah ohne jedes Objekt, selbst der Autor, der sich spiegeln möchte, löst sich in einem breiten Teppich zu einem Muster geringer Kontur auf; und erst Gottfried Benn scheint durch alle Verluste hindurchgegangen, sowohl eines bezaubernden Ichs wie einer verächtlichen Welt, um sich selbst als einen Typus antiker Schärfe zu gewinnen, der in jeder europäischen Intelligenz sich eines Tages einstellt und unermüdlich an seiner eigenen Aufklärung arbeitet. Drei Stufen eines Zerfalls desjenigen Objektes, das ohne Zweifel ursprünglich als adäquates Objekt des Romans gedacht war, der objektivierbaren Figuren und Handlungen also, kurz des Weltobjektes, repräsentiert durch Thomas Mann, Ernst Jünger und Gottfried Benn. Es ist leicht zu bemerken, daß der Grad der Vollendung dieses Zerfalls etwas mit dem Grad der Rechtfertigung zu tun hat, die in den Büchern dieser Autoren das moralische Klima erzeugt.

Die absorbierende literarische Kraft der Tagebücher ist stets eine Form der Reue über die Tötung einer dem eigenen Geiste ehemals korrespondierenden Welt, an der man teil hatte mit jener Art von wütender intellektueller Grazie, die zum Beispiel Jonathan Swift schon auszeichnete, als er von der Verspeisung der kleinen Kinder sprach oder über das Schlafen in der Kirche während der Predigt schrieb. Man wird den Anfechtungen, denen infolge dieser oder jener Verhältnisse, die eine Sünde wider den freien Geist bedeuteten, nicht zu widerstehen war, milder gesonnen, wenn man sie in der Form der gegen einen selbst gewendeten Replik jener Art von verbindlichen Analyse unterwirft, die zwangsläufig einen vollendeten Manierismus der reflexiven Eitelkeit darstellt. Drücken wir es allgemein aus: die Erinnerung an die Zeiten der Anfechtungen, denen zu widerstehen unmöglich war, wird man nur dadurch los, daß man die Anfechtungen in einen Manierismus verwandelt. Auf diese Weise verleiht man ihr einen ästhetischen Reiz, der wiederum die moralische Schwäche unsichtbar macht. Der Schriftsteller, der diese sublime Technik der Selbstversöhnung beherrscht, wird niemals aufhören, öffentliches Interesse zu erregen, denn es wird ja immer Zeiten geben, in denen eine solche Taktik zum Nutzen der Historie ist.

Die gegenwärtige Anfechtung der deutschen Schriftsteller und ihrer Prosa, in der sich bereits die ersten Züge eines Manierismus bemerkbar machen, heißt: theologische Emigration. Wer möchte eigentlich nicht ein christlicher Schriftsteller sein? –

Man ist allenthalben bereit, die theologische Subalternität als demonstrative Rekonvaleszenz vorzutäuschen und in die innere Bürokratie hineinzunehmen; das Ganze nennt man dann den neuen christlichen Humanismus, obwohl es jedermann erkennbar bleibt, daß hier nur ein provinzielles Ressentiment zum Aufbau einer verkäuflichen Literatur benutzt wird, die es nicht nötig hat, Weltliteratur zu sein und für die weder Cartesius, noch Voltaire, noch Kierkegaard gelebt hat. —

Ohne Zweifel hat auch Thomas Mann in dieser Beziehung seine Anfechtungen, denen er nicht widerstand. Man pflegt ökonomisch den Marxismus, um ihn in einer theologischen Emigration versöhnlich zu machen. Und die Art, wie die ehemalige kalifornische Emigration verbindlich bleiben soll für die deutschen Freunde in jenem Manierismus eines »Romans eines Romans«, in dessen zierlichen Höhlen der deutsche Faust als »alter Fuchs« noch einmal emigrierte, und zwar zugleich aus der revolutionären Geste und aus der deutschen Haut, um das Dankgebet an Europa endlich mit einem christlichen Amen zu versehen, wird immer ein Beispiel dafür bleiben, wie man das alte Spiel der Täuschungen variieren kann. Die Art alsdann, wie die offenbar sorgfältig und lange vorbereitete theologische Emigration Ernst Jüngers durch den kühlen Manierismus einer beinahe goethischen Seßhaftigkeit weimarischer Stimmung hindurchschimmert, um dem alten Zeitalter der Anfechtungen wenigstens in den paulinischen Gefilden platonisch widerstanden zu haben, ist nicht ohne Reiz für die Gesellschaft der Masken, die sich in den kahlen Räumen der Arche längst vor der Gemeinschaft der Gesichter gebildet hatte.

»Unterwerfe dich keiner Zeremonie der Kirche«, hatte Nietzsche für freie Geister notiert. Ich würde hinzufügen: »Unterwerfe deine Begriffe keiner Mythologie.« Verwandele deine Prosa nicht in ein Zeremoniell. Das bedeutet, daß du dich niemals eigener Realität und der Realität deiner Welt entziehen darfst, auch nicht auf den Blättern deiner Literatur, wenn du ein Autor sein willst. Die Zunahme des mythologischen Gehaltes, der Figuren und Bilder, der christlichen Symbolik und Gesten verbergen sowohl bei Jünger wie auch bei Mann schon nicht mehr die unaufhaltsame Dispersion der aufgeklärten rationalen Gefüge, in denen sie sich scheinbar noch bewegen, und darüber darf bei dem einen das

Bedürfnis nach marxistischer Zivilisation und bei dem anderen die Sehnsucht nach ästhetischer Kultur keineswegs hinwegtäuschen.

Gottfried Benn, den wir hier kontrapunktieren — und wir könnten wohl auch von Kafka und Sartre sprechen —, gehört zu den Autoren, in deren instrumentalem Gehäuse die feinen und großen Werkzeuge zur Entlarvung aller literarischen Masken hergestellt werden. Die Scheibe des Ptolemäers ist sein Lieblingsinstrument, und er handhabt es mit jener Geschicklichkeit, die sogleich den Meister der Erfahrung verrät, zu dessen Methode es gehörte, einmal auf alle Arten der Begegnung und Anfechtung spekuliert zu haben. Es scheint uns, daß er alle Laster der Anfechtung, aber auch des Widerstandes nicht vorübergehen lassen konnte, um auch diese Züge der Anstrengung in seiner Intelligenz nicht zu entbehren. Seine literarische Existenz ist ein einziger Ausdruck für eine ungeheure Assimilation von Selbstkommentierungen und Emigrationen durch Häute und Realisationen, Gefühle und Bekenntnisse, Finessen und Mythologien, Tatsachen und Träume, deren Anordnung er indessen nur auf der ptolemäischen Scheibe zu erkennen vermag, die in ihrer unermüdlichen Rotation nichts anderes als eine ewige Legalisierung der Dinge darstellt. Ich stelle ihn mir vor, wie er, mit der Feder als Blasrohr, jene Scheibe der Historie beständig anwirft, diese große Scheibe der Rechtfertigung, den zeitgenössischen Traktat, konservativ und radikal zugleich, wie leichte subsumierende Impulse hervorbringend, verletzend die einen, versöhnend die anderen, ohne Hoffnung, aber nicht ohne Glut.

Ich habe den Eindruck, daß es gelegentlich gut ist, Hegels dialektische Theorie des »Anfangs« aus der »Großen Logik« sich einzuprägen, danach jeder Anfang etwas ist, was zugleich Sein und Nicht-Sein hat. Das bedeutet nämlich, daß ein Anfang etwas ist, über das man eine gewisse Macht hat, weil im Anfang die große Zweideutigkeit des Seins vor einem liegt. Man hat nämlich die Macht, eines der beiden Momente, das Sein oder das Nicht-Sein, für immer zu desavouieren, und das gilt sowohl für eine kalifornische wie für eine theologische Emigration. Denn im Augenblick jener Macht vollbringt man die ptolemäische Geste: man dreht und wird gedreht, und nichts befriedigt so sehr das »unglückliche Bewußtsein« — um noch einmal die Sprache Hegels zu sprechen — als die Möglichkeit einer gelenkigen Rotation.

Die europäischen Intellektuellen pflegen seit langem diese Möglichkeit wie einen natürlichen Bewegungszustand. Ich habe den Eindruck, daß Thomas Mann und Ernst Jünger die moralische Quintessenz dieses Bewegungszustandes in den Elementen des dekorativen Stils einer Sprache später Zivilisation ästhetisch zur Vollendung bringen; es scheint mir daher notwendig, daß Benn dieser Technik des rotierenden Gewissens eine literarische Manifestation verliehen hat.

I.

Bestimmte Erfahrungen, die man mit den
faszinierten Lesern Ernst Jüngers und mit
seinen unmittelbaren Freunden macht,
legen sehr bald den Gedanken nahe, daß
man es nicht nur mit einem Autor und
seinen Büchern, sondern mit den Figuren
eines beschreibbaren Kreises toter und le-
bender Menschen und den Elementen einer
ebenso vorsichtig eingestandenen, wie klug
verteidigten Ideologie zu tun habe. Der
Kreis und die Ideologie zwingen den Rationalisten zu einer schärferen Beobachtung,
reizen seinen Argwohn, stimulieren seine
Zweifel, lenken seine Forschung, die keineswegs die »Forschungen eines Hundes« sind,
und jedem Versuch, ihn anzuziehen, begeg-
net er zunächst mit Wohlwollen, dann mit
Hinhalten, zuletzt mit unverhohlenem Be-
denken, zumal dann, wenn er selbst in be-
sonderen Augenblicken seines persönlichen

Daseins zu den Liebhabern zählt, die im Stande sind, große Teile jener Publikationen unter der epikuräischen Kategorie des Genusses — jener Art von Nietzsches »Bescheidenheit der Wollust« — tatsächlich mit einer sinnlichen Aufmerksamkeit zu studieren.

Vielleicht leiden wir alle in dem Augenblick, da uns als Beobachter das Sentiment und die Reflexion abhanden kommen müssen, unter einer gewissen intellektuellen Blindheit für Umgebung und Rangordnung, die uns in den Zustand der Faszination versetzt, derart, daß wir in dieser Phase den Vergleich, ich meine den messenden Vergleich, verlieren und ein Objekt um so deutlicher erkennen, desto willkürlicher wir es abgrenzen. Niemand wird leugnen, daß zu dieser Art von Abgrenzung ein bestimmtes Maß von Liebe Voraussetzung ist. Jede Faszination beruht auf diesem Vorgang des Gefühls der Liebe vor dem Eintritt der Wahrnehmung, die wir Erkenntnis nennen. Eine Literatur, die derartiges provoziert, erscheint uns in großer Form, und die Form reproduziert unermüdlich die Faszination, nicht etwa der Inhalt, und so berührt es keineswegs erstaunlich, daß alle Faszinierten ihrem Autor gegenüber den Sinn für Inhalt verlieren in dem Maße als sie den Sinn für Form gewinnen. Natürlich gehört das zu den Vorrechten der Liebhaber . . ., aber es verpflichtet dazu, vorsichtig zu interpretieren, wenn man als Liebhaber interpretiert, und man ist gezwungen, ebensosehr an sich selbst wie am Objekt zu arbeiten.

Ohne Zweifel gehört es nun in eine Theorie des allgemeinen Objektzerfalls, der unsere Jahrzehnte auszeichnet, daß auch der Roman mehr und mehr sein ursprüngliches Objekt verliert, daß es heute für die Prosa des Romans fast kein angebbares adäquates Objekt mehr gibt und daß seine Epik mehr und mehr einem sprachlichen Gewebe Platz macht, das vieldeutig, vielschichtig und vielfältig geworden ist und einem Gemisch von Experimenten, Diagnosen, Reflexionen, Konfessionen, Repräsentationen und Repliken gleichkommt, die zwar alle die Abbreviatur eines ehemals echten Objektes, aber nicht das echte Objekt selbst darstellen. Es ist dies ein Vorgang, der in der Logik, in der Mathematik, in der Physik, in der Malerei, ja sogar in der Musik zu beobachten ist; in den großartigsten Disziplinen unserer Zeit zerfällt das Objekt, das einst gemeint war und gelegentlich auch noch gemeint bleibt, zu vieldeutigen Abbreviaturen, die ernst gemeint sein wollen; im Ganzen durchaus eine intellektuelle Lage, die das alte Spiel der Verallgemeinerung der Objekte wiederholt und den erhöhten Zustand der Abstraktion dessen anzeigt, was wir »Welt« nennen und in Städten, Systemen und Begriffen zu bewohnen meinen. Diese Lage wird zugegeben und verteidigt; sie ist behaglich für diejenigen, die anpassungsfähig geblieben sind, unbehaglich für alle, deren Natur es nicht zuläßt, auf längere Sicht platonisch gestimmt zu sein und die nicht verlernen können, in Geleisen und Wegen zu denken, wenn sie in Netzen und Geweben sitzen. Man muß sich in jedem Falle davor hüten, zu sehr zu vereinfachen; eine Vereinfachung wird falsch, wenn sie die Zahl der Freiheitsgrade, die Dimensionen reduziert.

Der Zerfall des Objektes in Jüngers Prosa darf also nicht stören; ihm eine größere Aufmerksamkeit zuzuwenden als dem komplexen Zustand der Welt überhaupt, wäre belanglos. Wenn es wahr ist — wie Husserl gezeigt hat —, daß jede Logik eine »Logik ... für eine vorgegebene gedachte reale Welt« ist, so ist es auch wahr, daß jede Prosa Prosa für eine vorgegebene gedachte reale Welt ist, selbst dann, wenn die Artistik — wie in den Logikkalkülen — so weit getrieben wird, daß eine formale Prosa, eine Prosa der epischen Leerformen entsteht, deren sachliche Einsätze schließlich zum allerletzten Spiel des Lesers — nicht des Autors — werden, der, provoziert durch den Autor — man nehme Kafka und denke an sein »Tier«, das angedeutet, aber nicht benannt ist oder an den »Prozeß«, darin der Täter, aber nicht das Verbrechen bezeichnet wurde, dann hat man zwei epische Leerformen vor sich, die als Variable dem Leser zur Einsetzung, zur Deutung überlassen bleiben — hier zu einem wirklichen Mitverfasser wird. Ich nehme an, daß jene merkwürdige Tradition der Prosa, in der Flaubert und Valéry eine ausgezeichnete Rolle spielen, und auf die auch Albrecht Fabri wieder einmal aufmerksam machte, zur Tradition der Epik prosaischer Leerformen gehört. Ich meine das nicht im Sinne einer ästhetischen Ironie, sondern im Sinne einer ästhetischen Theorie, welche im Stande ist, die natürlichen Grenzen der Publikationen Ernst Jüngers und der Fassungskraft seiner faszinierten Leser und Freunde erkennen zu lassen.

Übrigens machte Ortega y Gasset schon vor Jahren in seinem Aufsatz »Die Vertreibung des Menschen aus der Kunst« auf Pirandellos »Sechs Personen suchen einen Autor« in einem Sinne aufmerksam, der in die Richtung unserer Aufgabe fällt. Er vermerkt die Entmenschlichung der »Personen« zu »Ideen« und die Forderung des Autors an den Zuschauer, sich für die »Rollen« als »Rollen« zu interessieren.

Das Problem, das vorliegt, heißt also: Gleichgültigkeit gegen das adäquate epische Objekt und Zerfall des Romans, ohne die Prosa zu verlieren. Daß die ästhetische Möglichkeit besteht, haben wir gesagt; daß die Möglichkeit sich verwirklichen kann, deuten in der ersten Stufe Ernst Jünger, in der zweiten Stufe Gottfried Benn an. Ich unterscheide zwei Stufen, weil ich unterscheiden muß zwischen zwei Welten, darin das vom Autor provozierte Einsatzspiel des Lesers sich vollziehen kann, wenn er sich entweder eine Welt für Jüngers Prosa oder eine Welt für Benns Prosa denkt; denn festgehalten bleibt, daß jede Prosa am Ende Prosa »für« eine vorgegebene gedachte reale Welt ist.

Wir verstehen unter den adäquaten Objekten des Romans die klassischen Objekte repräsentativer Konfession und repräsentativer Gesellschaft, die beide zugleich als Zustand und Handlung in Erscheinung treten. Im klassischen Falle wäre nun ohne Zweifel Gottfried Benns »Ptolemäer« auf die literarische Fixierung einer Gesellschaft und ihres signifikanten Typus festzulegen, während Ernst Jüngers »Strahlungen« auf die Wiedergabe einer Konfession verweisen würden. Doch was vorliegt, sind nur die dispersen Ableitungen aus den klassischen Modellen. Man bemerkt sofort, daß in Benns Prosa der Gedanke an die Darstellung einer Gesellschaft und in Jüngers Prosa der Gedanke an die Wiedergabe einer Konfession beständig aufgezehrt wird.

Das ist eine These, die bewiesen werden muß. Zum Beweis beschränken wir uns vorab auf Ernst Jünger und zerlegen die »Strahlungen« in drei literarische Phasen, die man als Formen und Methoden, als Erkenntnisse und Erfahrungen und als Gedanken und Ideologien unterscheiden kann. Wir haben also drei Freiheitsgrade, in denen wir uns in diesem Buch bewegen können.

In Bezug auf die Formen und Methoden fällt natürlich sofort der Liebhaber der Symbolik und der Allegorie, der Freund der Vergleiche und der Gleichnisse auf; der Analogie-Schluß gehört zu den bevorzugten Regeln; Deutung und Auslegung sind die bevorzugten Techniken dieser Intelligenz, nicht aber Beweis und Konstatierung; selbst dort, wo der Beobachter scheinbar einen Rang gewinnt, handelt es sich sogleich um eine Explikation beobachteter Bilder, nicht um beobachtete Sachen oder Vorgänge; die Sicherheit in den logischen Schlußfiguren und die Beherrschung der bis auf die Tautologie zurückgeführten Analyse wird bewußt vernachlässigt; die Deduktion wird fast als eine vergewaltigende Sprache empfunden. Denn das konkrete Bild regiert diese Sprache, nicht der abstrakte Begriff, und die kantische These, daß Begriffe ohne Anschauung leer und Anschauung ohne Begriffe blind sei, wird zu einer Maxime dieser Sprache. Eine vollkommene sinnliche, ja körperliche Prosa, in der jeder Laut, jeder Konsonant, jeder Vokal nach Möglichkeit noch ein prosaisches Element für ein aufweisbares Stückchen Welt, vielleicht sogar ein Stückchen Welt selbst wäre, wird angestrebt, ohne daß diese Prosa auch nur in einer einzigen Zeile reinen Wohllaut, reine Poesie ausdrücken könnte.

Aufschlußreich in dieser Hinsicht ist eine Selbstkommentierung, die unter dem Datum des 28. November 1944 notiert wird: »Aufgabe des Autors ist nicht die absolute, sondern die optimale Genauigkeit. Das ist im Wesensunterschied begründet, der zwischen Logik und Sprache liegt. Daher gehört es zu den Voraussetzungen des guten Stiles, daß der Autor sich mit dem optimalen Ausdruck zufrieden gibt. Die Sucht nach dem Absoluten führt über seine Aufgabe hinaus.« Diese Sätze verraten keinen Rationalisten, für den die Logik der Sprache das Bildungsgesetz gibt. Denn für den Logiker gibt es keine optimale Genauigkeit, nur maximale Genauigkeit. Der Rest ist Wahrscheinlichkeit. Aber für die Verwendung der Bilder genügt ja ein Optimum; denn dieses Optimum läßt noch jene leichte Zerstreuung der Gebilde zu, aus der die Atmosphäre der Körperlichkeit und Sinnlichkeit, aber auch der Symbolik und der Explikation entsteht. Dazu kommt die Vorliebe Jüngers für die Farben. Farben sind Gebilde, die wir nur in optimaler Genauigkeit besitzen. Als Bezeichnung sind sie rein abstrakt, denn sie umfassen jeweils ganze Klassen von Tönen, aber als Anschauung sind sie völlig konkret. Sie vermitteln gleichsam zwischen einer abstrakten geometrischen Welt und einer konkreten sinnlichen Welt. Ohne weiteres würde Ernst Jünger dem geometrischen Kreis die Farbe rot als seinsgerecht zuordnen, wenn er zu wählen hätte, und auf diese Weise die vermittelnde Eigenschaft der Farben zugestehen. Außerdem hat Jünger eine Vorliebe für die roten Tönungen, die ihm öfter und schneller in die Beobachtung kommen, und mit einem sichtbaren Behagen wird diese Farbe bei Beschreibungen verwendet. »Arbeitete im Garten, aus dessen Boden ich gestern bereits den roten Trieb einer Pfingstrose züngeln sah.... An solchen Frühlingstagen durchschwärmt der rote Aphodius zu tausenden die milde Luft. Noch sind die Flügeldecken glänzend lackrot, nicht schmutzig rostbraun wie in späteren Monaten . . . Der Vorgang gleicht dem roten Schleier, der roten Wolke um einen unsichtbaren Pol.«

Dieser Punkt kann jedoch präziser ausgesprochen werden: Wir unterscheiden in jeder Aussage oder Mitteilung zwischen den Zeichen für Etwas und den Zeichen von Etwas. Die Ziffern in der Mathematik sind Zeichen für Etwas, nämlich Zeichen für Anzahlen; der Pfiff, den eine Lokomotive von sich gibt, ist ein Zeichen von Etwas, nämlich von der Maschine. Für einen Rationalisten sind Worte Zeichen für Etwas, nämlich für »Objektmitteilung«; aber er vermag zu verstehen, daß es eine Sprache gibt, in der die Worte als Zeichen von Etwas auftreten, derart, daß eine Mitteilung in dieser Sprache von einer rationalen Objektmitteilung verschieden ist. Da die Worte in dieser Sprache unmittelbar als Zeichen der Dinge selbst auftreten, repräsentieren die Dinge durch das Wort, das sie bezeichnet, wiederum Konfigurationen anderer Dinge oder aller Dinge. Wir sprechen aber dann und nur dann von der Symbolik eines Dinges, wenn dieses Ding durch sich selbst zugleich andere oder alle Dinge verrät, etwa so, wie wenn ein Rot den unteilbaren »kosmogonischen Eros« der Welt zum Ausdruck bringt. »Das brennende Herz, eine meiner Lieblingsblumen, hatte bereits den garen Boden der Rabatten durchbrochen, in starken Zacken von zartestem Jade, an denen rötliche Jaspis-Spitzen leuchteten. Die Kraft, der Erdgeist solcher Gebilde ist berauschend, ist außerordentlich. Sie sind Organe am Schoße unseres guten Mütterchens, der alten Erde, die immer noch das jüngste unter den rotröckigen Weibchen ist . . .«, so vermerkt Jünger am 15. März 1945, und gerade diese Mitteilung ist uns immer als eine der deutlichsten »symbolischen Mitteilungen« erschienen, wohl unterschieden von der rationalen »Objektmitteilung« und der persönlichen »Existenzmitteilung«, die Kierkegaard auf der Höhe seiner »Konfessionen« von sich gegeben hat und in die Jüngers Redeweise niemals umzuschlagen vermag. Denn jede Existenzmitteilung un-

terscheidet sich durch ihren provozierenden Charakter von der symbolischen Mitteilung, auch dann, wenn beide in Zeichen
von Etwas, nämlich die Existenzmitteilung
in Zeichen von »Existenz« und die Symbolmitteilung in Zeichen von »Dingen«, sprechen. Sofern sie Zeichen für Etwas verwendet, ist die Objektvermittlung sowohl von
der Symbolmitteilung wie auch von der
Existenzmitteilung unterschieden. Man
darf sagen, daß die symbolische Mitteilung
zwischen der objektiven Mitteilung und der
existentiellen Mitteilung vermittelt. Sofern
nun jeder Roman, wenn er das klassische
adäquate Objekt besitzt, auch der objektiven Mitteilung bedarf, die der Gesellschaft
oder der Konfession gewidmet ist, muß in
einer symbolischen Prosa dieses Objekt ver-
schwinden, um einer Welt der Symbole
Platz zu machen. Die symbolische Mitteilung verzehrt die objektive Mitteilung
ebenso sehr wie sie die existentielle Mitteilung vorbereitet; aber sofern es sich überhaupt noch um Mitteilung handelt, gehen
Epik und Prosa nicht verloren. So trifft

man in der Publikation Ernst Jüngers zwar weder auf die Wiedergabe einer Gesellschaft noch auf die Wiedergabe einer Konfession, dennoch ist beides hier vorhanden, und man wird weder eine klare Objektmitteilung noch eine provozierende Existenzmitteilung gewahrwerden können, dennoch vermögen beide abfiltriert zu werden, denn jede Symbolmitteilung hat einen monadologischen Charakter, wenn man mit Leibniz unter einer Monade ein Gebilde versteht, dessen charakteristische Eigenschaft darin besteht, gemäß dem Grade seiner Vollkommenheit die Welt zu repräsentieren.

Wir sprachen bis jetzt von den Formen und Methoden. Wir werden nun von den Erkenntnissen und Erfahrungen Ernst Jüngers zu reden haben.

Zunächst könnte man der Meinung sein, in den »Strahlungen« sei von den Erkenntnissen und Erfahrungen eines Ästhetikers berichtet. Die genießende Art, mit der Ernst Jünger auf die Welt der Städte und Gärten, der Schlachten und Träume blickt,

die Neugier, die er unverhohlen den Fein-
strukturen dieser Welt entgegenbringt und
daraus er sich ein intelligibles Gespinst bereitet hat, das er bewohnt, und die Einbildungskraft, die sich hierin ausdrückt, be-
stärken zunächst in dieser Ansicht. Doch
plötzlich gibt es die Lücken in diesem ästhetischen Stadium, aber nur ganz selten und
dann noch spärlich bereitet sich in diesen
Leerstellen jenes Konfinium der Ironie, das
Kierkegaard mit dem Blick des Kenners
sich zwischen dem ästhetischen und ethischen Stadium ausbreiten sieht. Vielmehr
quellen aus diesen Lücken wie neue und
alte, sehr alte Münzen die Maximen eines
Moralisten hervor, der durchaus nicht auf
dem Wege zur Offenbarung ist und mit
Abraham jene Stimme Gottes vernimmt,
die er weder Sarah, seinem Weibe, noch
Elieser, seinem Knechte, mitteilen würde;
denn es fehlt ja auch das Konfinium des
Humors, das wiederum Kierkegaard in
dem Zwischenraum zwischen dem Ethiker
und dem Religösen bemerkt haben würde.
Auch würde wohl Jünger die Offenbarung,

das »Mémorial«, das Pascal schweigsam in die Jacke nähte, nicht unterdrückt haben; denn wer seine Gebete publiziert, der schweigt nicht vor Sarah und Elieser, der publiziert auch seine Offenbarung ... Die Welt ist hier also keineswegs als ästhetisches Phänomen gerechtfertigt ... schon die Distanz zum Rationalen würde es unmöglich machen; denn es gibt keinen Ästhetiker, der sich so weit wie Jünger von der Sehnsucht nach Rationalität entfernt hat, selbst dort, wo die Filigranie seiner Prosa den vollkommenen Artisten verrät, der Boileau gelesen und die kräftige Definition Diderots in der Enzyklopädie von 1751 verstanden hat. Oder sollte auch dies nur in das Kapitel »Verkleidungen« fallen, dem Jünger ein zwischenzeiliges Exposé gewidmet hat? — Sollte schließlich die Symbolik nur entäußerte Rationalität sein? — Sollte hier ein Erzieher vorübergehend die alten Mittel des ästhetischen Reizes unterdrückt haben, um die pathetischen Mittel des moralischen Index hervorholen zu können? —

Es ist gleich, wie es ist. Wir behaupten

nicht nur die prinzipielle Eignung Ernst
Jüngers zum Moralisten regressiven Stils,
sondern erkennen auch in seinen Publikationen den literarischen Ausdruck einer
pädagogischen Provinz, zu deren Elementen der Krieg und der Frieden, die Feindschaft und die Freundschaft, das Schlacht-
feld und die Gärten, das Abenteuer und die
Herbstklarwetterklause, die Cafés von Paris
und die Moore von Niedersachsen, der chinesische Sinn für Familie und der spätgoe-
thische Stil der Blumenpflege gehören.
Denn das erhobene Wesen der indirekten
ethischen Ermahnung pointiert hier die
Notiz viel stärker und wesentlicher als die
gefällige Eitelkeit des direkten ästhetischen
Genusses. Alle die genannten Elemente
wären nun eigentlich einer sorgfältigen
Behandlung auszusetzen — besonders die
angeborenen niedersächsischen und die an-
gewöhnten chinesischen Züge —, wenn sie
Jünger nicht selbst so ausführlich zur Darstellung gebracht hätte, daß sie ohne weiteres abzulesen sind. Alle Erkenntnisse und
alle Erfahrungen, die er gewinnt, haben

eine leicht pastorale und moralische Nuance; das einzige jedoch, was ich nicht entscheiden kann, ist, ob dafür das Niedersächsische a priori oder das Chinesische a posteriori verantwortlich ist. Selbst die Träume werden zu einem Mittel moralischer Selbstverfertigung, und die Todesmystik als ein Fundament beschaulich unbeschaulicher Reflexion vervollständigt nur den Zierat dieser Prosa zu einem zierlichen Kafkaschen »Bau«, zwar nicht beständiger Selbstsicherung, doch wohl ausdauernder Selbstgewißheit, so daß schließlich — noch einmal — ein »Phänotyp« entsteht, der sich in einem wundervollen Gewebe von Gedanken und Ideologien einspinnt, letzter Abglanz, aber doch weithin leuchtend, einer abgestorbenen Epoche, die wir in unseren konservativen Augenblicken so lieben, weil sie uns eine Perfektion vortäuscht: das neunzehnte Jahrhundert.

Dieser intelligible Bau von der Textur eines Gewebes, in das beinah alle Bildungsgüter, die das Jahrhundert Hegels und Nietzsches bevorzugte, eingeflochten sind, wird von einem glänzenden Formulierer, aber einem schwachen Denker bewohnt. Die Formulierungen können sich über lange Perioden erstrecken, immer haben sie Effekt und Metrum, Eleganz und Distinktion, aber niemals kann man die Entstehung eines außerordentlichen Gedankens verfolgen. Die geschliffene Dunkelheit gilt nur für bereitgestellte Gedanken. Nun kann eine Formulierung einen Gedanken aufwiegen, und gerade mit dieser Ansicht muß man den Bau betrachten. Sein Besitzer hat noch einmal das neunzehnte Jahrhundert zu einer Strahlung gebracht, und es ist bezeichnend, daß diese Strahlung niemals tötet, aber stets erwärmt. Dekorativ, reich an Arabesken und Figuren, Ornamenten, die die Blumen verraten, harmonisch und sinnlich, verrät diese Prosa, die, könnte man sie tasten, sich gelegentlich wie Plüsch anfühlen würde, den vollendeten Manieristen, der das neunzehnte Jahrhundert zu einer letzten Konzeption verarbeitet hat. »Eine künstlerische Manier, die sich in verschiedensten Formen äußern kann, überwuchert die klassische Norm«, so hat Ernst Robert Curtius den erweiterten Sinn des Manierismus bezeichnet, und er trifft auf Ernst Jünger zu.

Es ist alles wieder da, glänzend und zerbrechlich, deutlich und zuweilen wie im Traum: die Liebe zu den Friedhöfen bei Jean Paul, die Altersgepflogenheiten Goethes, das Gartenhaus und die Herbarien, die Sammlungen und die Einbände aus rotem Maroquin, die Liebe zu den Wörterbüchern, den alten Schriften mit Geruch, Hamanns Hieroglyphik und Baaders christliche Symbolik, die Psalmenkunde und die pietistische Erbaulichkeit, von der auch Goethe, Hegel und Kierkegaard genossen haben; und dann der Soldat der offenen Feldschlacht, Moltkes krause Strategie und Tapferkeit, der preußische Adler, verfaßt in Briefen und Berichten, zurückführbar bis auf den alten Clausewitz in Gedanke, Feierlichkeit und Stil; die Reisen in den bequemen Wagen, das Verzeichnis der Geschirre und Gerichte, Schleiermachers Theologie, liberal gemünzt durch

Adolf von Harnack, Stendhals Finessen, etwas gemildert, und die frivole Philosophie von Basel und Turin; die leicht geschürzten Gespräche aus dem Eckermann, niemals radikal, wohltuend, wegweisend, andeutend, abbrechend und zuweilen kühl. Niemals ein Organ für Physiologie, bestenfalls für psychische Reizung, daher der Mangel an Rabelais, an Eros und an Frauen, die wie aus »Watteau« verfertigt hier erscheinen. Jedes Stück Physik erscheint durch eine Mythologie ersetzt, wenn auch in der unermüdlichen »Verkleidung der Zeit«. Man halte daneben Melville's Ozean mit den Stücken aus »Cuvier« oder Dougthy's »Arabia deserta« oder Lawrence's »Sieben Säulen der Weisheit«, um die Grenzen der Nachbarschaft, die Reduzierbarkeiten zu studieren. Es ist alles da, was einst Spiel und Zeigefinger, Humanismus und Hörsaal, Mittelstand und stille Einfalt, edle Größe hieß, rhetorisch und in einer Prosa leuchtender Art; Narzissus und Ophelia mit dem blonden Haar, angeschwemmt im blanken Wasser mit den Lilien und Blättern, ganz wie Courbet sie gemalt hat mit dem vielen Grün, und man halte dagegen Benns furchtbare Ophelia mit der »Brust eines Mädchens, das lange im Schilf gelegen hatte«, die so »angeknabbert« aussah und unter deren »Zwerchfell« man ein »Nest von jungen Ratten« fand . . ., um noch einmal das neunzehnte und das zwanzigste Jahrhundert zu trennen. Wie sehr hat man den Eindruck, daß diese Prosa der »Strahlungen« nur ein Gewebe der Strukturen und Texturen der abgelebten Epoche ist, großartig gebündelt im dekorativen und konzentrierten »Jugendstil«, ein Brennglas, das den Blick auf Nietzsche, Hegel und Goethe gestattet, aber die Sicht auf Marx und Kierkegaard endgültig verhängt. Man mißverstehe meine Meinung nicht: es gibt in jedem Jahrhundert noch einige Autoren, deren Publikation sich wie ein point de vue ausnimmt, von dem aus man sich einen Rundblick über hinter uns liegende Landschaften erlauben kann, und zumeist verhalten sich diese Punkte zugleich wie jene ästhetischen Nahepunkte, von denen aus ein Bildnis alle Reize gewahren läßt und die Risse, die feuchten Stellen, die unfertigen Flächen, die Ansatzstellen der Pinsel unterdrückt. Ohne Zweifel ist Ernst Jünger einer dieser ästhetischen Nahepunkte, von dem aus der Blick auf eine hinter uns liegende Epoche fallen kann; von hier aus läßt sich das alte Jahrhundert komponieren, ohne daß man seine Komposition schon in die Hand gedrückt erhielte.

Kein Blick auf Kierkegaard und Marx, sagte ich, wird von Ernst Jünger aus möglich. Die beinah natürliche Grenze seiner Landschaft wird sichtbar, also eine der beiden Landschaften, der beiden Welten, von denen ich sprach, als ich das provozierte Einsatzspiel andeutete, das der Leser vollziehen kann, weil jede Prosa, auch die der epischen Leerformen, Prosa für eine vorgegebene gedachte reale Welt ist. Die andere Welt jedoch, die für jenes Spiel geeignet wäre, die aktuelle Welt zu einer Prosa ohne Roman, ohne Konfession, ohne das klassische adäquate Objekt, gegenstandsauflösend, ohne die Epik zu verlieren, Leerform für eine ganze Klasse phänotypischer Zeitgenossen und Vorgänge, enthüllt sich uns im »Ptolemäer« von Gottfried Benn. Jüngers Tasmanien taucht hier auf, die Gegenwelt, der andere point de vue, von dem aus der Blick nach vorn möglich ist, das zwanzigste Jahrhundert als Spektrum eines »Prismatikers«.

II.

Wir zerlegen auch diese Prosa wieder in Formen und Methoden, Erkenntnisse und Erfahrungen und Gedanken und Ideologien; doch wir beginnen, um ein Gelenk für den Übergang zu haben, mit den Variationen zu Pascal, die sich sowohl bei Ernst Jünger wie auch bei Gottfried Benn finden. Denn die Entfernungen schätzt man durch Vergleiche, und Pascal war schon mehr als einmal der Vorwand, um ein paar Dinge zu sagen, die nur im Namen eines heiligen Rabulisten gesagt werden konnten; man verrät sich sozusagen durch Pascal.

Die Pascalstellen Jüngers lauten: »Paris, 19. Oktober 1941. Mit Grüninger und Karl Schmitt in Port Royal. Ich fand dort das kleine Vogelnest auf den Büchern von Pascal wieder, das mich schon beim ersten Besuch erheiterte. Selbst im Verfall von solchen Orten steckt immer noch mehr Leben als in ihrer musealen Präparation. Wir pflückten ein Blatt von Pascals Nußbaum, der im Absterben ist . . .« Und weiter »am 17. Dezember 1943. Fand dort unter dem 16. Mai 1889 einen guten Traum von Léon Daudet. Diesem erschien Charcot und brachte ihm die ›Gedanken‹ von Pascal mit. Zugleich zeigte er ihm als Beleg im Gehirn dieses großen Mannes die Zellen, in denen die Gedanken gewohnt hatten — sie glichen den Waben eines vertrockneten Bienenstocks.«

Die Pascalstellen Benns lauten: »Gestützt auf Pascal. *Alle Leiden des Menschen kommen daher, daß er nicht ruhig in seinem Zimmer bleiben kann* — ein Wort von Pascal (1623 — 1662), phänotypisch zeitgemäß. Selten fähig und bereit, für längere Zeit geistig mitzugehen, lebt für diesen Pascalschen Menschen überall die kritische Frage nach den Erscheinungen überhaupt auf im Zwange jener immer gegenwärtigen Spannung, die im Wechsel der Abläufe, den Vorfällen der Dinge eine Art verdichtete Erkenntnis, eine anderweitige innere Erfahrung entgegenstellt.« Und weiter: »Zum Beispiel das klassische, das heißt fundierende Zeitalter der Mathematik. Die Linie Descartes, Pascal, Leibniz — also 1630 bis 1760 — anknüpfend an den großartigen Euklidkommentar des Proklus Diadochus, — herreichend zu uns in der symbolischen Logik der Boole und Peirce, der Russel und Hilbert —; Auswüchse, Betrieb, Seltsamkeiten! Kleiner Kreis! Größere Kreise flanierten in den gleichen Jahren nachmittags ungestört am Nil oder an der Newa. Aber noch viel weiter geht das: Hausbauten, Klimawechsel, Sturmschäden, sogar Theaterbrände, Völkervernichtung, Usurpatoren —: wo in aller Welt machen sich denn Reduktionen, Extremalprinzipien, Feldtheorien zwanghaft und identisch geltend? Man erblickt nichts weiter als den genannten zärtlichen kleinen Kreis.«

Jünger nähert sich Pascal durch eine Stimmung und durch einen Traum; Benn durch den Gedanken und seine Kritik. Pascal als Arabeske auf einem Erinnerungsblatt und Pascal als Mathesis universalis interpretiert und ohne Sachlichkeit beargwöhnt durch das Bild der eingetrockneten Honigwaben, als ob Europa niemals die Mathesis physikalisch und technisch zu Ende gedacht hätte. Bei Benn indessen Pascals Maxime fast in ein heideggersches »Existenzial« verwandelt und die genau fixierte Mathesis und ihre Konsequenzen erkannt und dennoch nicht erdrückt, weder ideologisch, noch stimmungsmäßig. Denn der »Ptolemäer« ist stabil. Die Pascalstellen sind deshalb so aufschlußreich, weil sie deutlich zeigen, daß Jüngers Geistesverfassung linear und einfach, Benns Geistesverfassung aber mehr-dimensional und komplex ist. Sie zeigen auch, daß Benn die moderne Welt assimiliert hat und im Stande ist, mit ihr zu leben, während Jünger sich dieser Assimilation entzieht und die Erinnerungen zwar aufzeichnet, aber nicht wirksam werden läßt. Auf diese Weise verliert sein Wort, seine Prosa, sein Geist an Intensität und damit an der Möglichkeit der reinen Poesie. Durch nichts unterscheidet sich die Prosa Ernst Jüngers von der Prosa Gottfried Benns so deutlich als dadurch, daß jene niemals in Poesie übergehen kann — es sei denn, daß man ein Sentiment mit Poesie verwechselt —, während diese in jedem Augenblick dazu bereit ist. Übrigens ist das ein Unterschied, der auch Hegel und Kierkegaard charakterisiert. Schon dies erleichtert den Blick auf jenen großen Dänen von Gottfried Benn aus, daß die Philosophie beider, wie Max Rychners Ausdruck lautet, Philosophie eines »lyrischen Ichs« ist, dessen »Schädelblüte«, wie Benn es sagen würde, die große Intensität des Daseins verrät. Und Poesie ist gegenüber Prosa eine Frage der größeren Intensität des Daseins, denn — um mit Lessing endlich abzuschließen — »die Poesie ist die vollkommene sinnliche Rede«.

Benns Formeln und Methoden können also nur daraus verständlich werden, daß seine Prosa in jedem Augenblick die Möglichkeit hat, Poesie zu werden. Natürlich erklärt das auch die expressionistische Redeweise dieses Mannes, über die das Grundsätzliche gesagt werden muß.

Gottfried Benn hat die Möglichkeit einer expressionistischen Prosa demonstriert. Er hat sie noch demonstriert und noch gepflegt, als die expressionistische Poesie schon vollendet und beinah schon wieder abgetan war. Er verleiht ihr noch heute Ausdruck. Man verschmäht nicht gern die Mittel eines Handwerks, wenn man diese Mittel selbst geschaffen hat. Wohl gab es vor 1933 eine Reihe von Autoren, die den expressiven und assoziativen Stil der Prosa beherrschten und aus Komplexen von Intuitionen und Visionen, von Gedanken und Gefühlen, von Bildern und Begriffen, Metaphern und Vergleichen, die kaum eine Anordnung verrieten, Aussagen formten, die verstanden werden sollten. Klabund und Döblin gehörten dazu. Aber nur Gottfried Benn hat diese Art zu sprechen in den Rang einer sprachlichen Methode erhoben, die eigens dazu diente, Prosa zu machen, die nicht nur Stimmungen wiedergab, sondern Urteile, Tendenzen, Meinungen, Theorien und Interpretationen bilden ließ, Prosa mit knappen und weiten Perioden, mit stoßartigen und atemlosen Rhythmen, die zwar kein Metrum mehr verriet, aber durchaus noch eine wohlerwogene Verteilung der Akzente, angedeutet durch dekorative Substantive, die ein gewisses Spiel mit Vokalen und Konsonanten unverborgen ließ. Das Ergebnis war eine Literaturgattung, die dort wie eine Novelle und hier wie ein Essay schilderte, schon im Inhalt einen Manierismus bestätigend, der seine Tradition besaß. Mit seiner Demonstration der expressionistischen Prosa vollzog Gottfried Benn einen Fortschritt für die Möglichkeiten der Ausdruckskraft, ohne der Einbildungskraft ein Korrektiv entgegenzusetzen. Er erkannte die Kapazität der Expression und nützte sie aus. Er verwandelte sie in ein Mittel zur Polemik und

Satire, zur Kritik und Reportage, und was hervorgerufen wurde, war ein Stil der Diagnose des Zeitalters, seiner Menschen, seiner Gesellschaft und seines Geistes, der durchaus neu ist. Es ist zweifellos schwer zu sagen, ob diese Stilbewegung des Expressionismus, sofern sie nun in den Dienst der Prosa trat, einer rationalen oder emotionalen Reflexion in der Gedankenbewegung ihren Antrieb verdankt. Vermutlich kann der intellektuelle Entschluß die gefühlsmäßigen Gründe nie ganz verleugnen. Es gibt keine Prosa, in deren Sprachleib die rationalen und emotionalen Elemente schwerer zu trennen wären als die expressionistische Prosa.

Von diesem Standpunkt aus läßt sich daher auch die Analyse dieser Sprache am weitesten vortreiben.

Wir nannten schon eingangs die expressionistische Prosa eine assoziative Prosa. Wir wollen damit sagen, daß ihre Entwicklung nicht deduktiv oder induktiv voranschreitet. Der Zusammenhang der Sätze, vielfach sogar der Bau der Sätze selbst kann nicht deduktiv verstanden werden. Es werden keine Schlüsse gezogen, keine Folgerungen gezogen, keine Implikationen gebildet. Es geht nicht um den Zusammenhang zwischen Prämissen und Konklusionen. Häufig ist sogar der innere Aufbau der Sätze kein solcher, der das Verhältnis des Prädikats zum Subjekt im gewöhnlichen Sinne festhält. Von diesen Gesichtspunkten aus betrachtet, ist die assoziative Prosa durchaus nicht aristotelisch. Der Zusammenhang zwischen Subjekt und Prädikat wird ebenso wie der Zusammenhang der Sätze unter sich assoziativ geregelt. Die Worte und Wortverbindungen kommen durch Assoziationen zustande. Wie die Glieder einer Kette greifen Subjekte und Prädikate, Sätze und Abschnitte ineinander, aber das Ineinandergreifen wird nicht logisch, sondern expressiv, also durch Assoziationen bewirkt, die sich in der denkenden und schreibenden Existenz vollziehen und die durch sinnliche und seelische oder auch geistige Intensität dieser Worte und Wortverbindungen hervorgerufen werden. Vom

Mittelmeer wird z. B. gesagt: »Sehen Sie seine Küste entlang, in Arles das gelbe Haus, was es enthält, sind erhitzte Sonnenblumen und eingerollte Äcker; und bei Antibes das Palais Grimaldi . . .« Die ganze Deskription ist eine Kette von Assoziationen, hervorgerufen durch den Namen Gogh, und der wird verschwiegen. Die Subjekte sind Gebilde aus den Bildern Goghs und die Attribute sind Attribute jener Gebilde.

Die Häufung der Substantive erhöht die Kraft der Assoziation, macht sie sichtbarer und wirkungsvoller. Daß die realen Dinge Intensität haben, erkennt man erst, wenn sie ausschließlich durch Substantive bezeichnet werden: »Heilige oder Unheilige, einige suchen ihren Weg. Heilige oder Unheilige, Ost oder West, bye bye oder Duswidanja — wir waren eine große Generation: Trauer und Licht, Verse und Waffen, Trauer und Licht, und wenn die Nacht kommt, werden wir sie ertragen — was ertrügen wir nicht? . . .« So heißt es am Schluß eines »Gesprächs«, das über den

»Menschen« spricht und von drei alten Männern geführt wird.

Nun gibt es aber keine Sprache, die nicht analytisch wäre. Sofern wir über die Dinge reden, zerlegen wir die Dinge. Diese Zerlegung kann eine logische sein. Dann sprechen wir in Sätzen, die auf Grund der alten Schlußregeln auseinander hervorgehen, folgen, wie man sagt. Durch die Abfolge der Sätze zerlegen wir die Dinge und verknüpfen sie. In der expressiven Rede, die sich aus den Assoziationen der Subjektivität bildet und dabei die natürliche Intensität der Worte und Bilder, der Metaphern und Sinnbilder ausnützt, kann es sich nicht um eine logische Analyse der Dinge handeln. Gottfried Benn hat die neue Art der Analyse, die eine expressive Rede auszeichnet, schon benannt, als er von »summarischen Überblicken« sprach und sich selbst einen »Prismatiker« nannte. Das Prisma zerlegt die Farben, indem es sie von einer Mitte aus zerstreut. Die expressionistische Analyse der Dinge ist prismatisch, sie zerstreut sie von der Mitte der Subjektivität aus, und diese Zerstreuung ist prinzipiell ohne Grenze. Daher der Eindruck, als ob ein expressionistischer Text nur ein Bruchstück aus unendlicher Rede wäre, die eigentlich nie abbricht, nur leise verschwimmt, besser verdünnt in den Blöcken von Substantiven und Assoziationen, die ihr starkes Pathos ausmachen. Tatsächlich scheinen das Abbrechen, das Endliche, der Punkt, nicht zu den Kategorien und den Formelementen dieser Prosa zu gehören. Es kann immer weiter gehen, das Komma, das Semikolon, der Gedankenstrich unterbrechen nur sanft die Atemlosigkeit der Sprache und akzentuieren sie, akzentuieren sie so, als handle es sich hier ausschließlich um eine Folge von Interjektionen, die prismatisch in ein Spektrum von Bildern, Metaphern, Orakeln, Gleichnissen und Sinnbildern aufgelöst sind. Natürlich entspricht diese prismatische Methode der Wort- und Satzbildung der Technik der Assoziationen und Interjektionen und der Diagnose, die mit ihrer Hilfe am übersättigten oder verwahrlosten Zeitgeist gestellt werden soll.

Man muß also Benns Prosa lesen wie man ein Bild Picassos betrachtet. Man muß die Voraussetzung der surrationalen Mittel der Prosa wie der Malerei ebenso anerkennen wie die Surrealität des mit diesen Mitteln verfertigten Gegenstandes, der assoziativ, nicht implikativ oder figurativ komponiert ist, aber dennoch der Bildungsgesetze nicht enträt, selbst wenn diese von äußerster Relativität sein sollten. Weder in der Bennschen Prosa noch in der Picassoschen Malerei ist ja der natürliche Gegenstand gemeint, sondern der surreale Gegenstand, der einerseits unserer Innenwelt, andererseits unserer Außenwelt angehört und daher ebenso viel subjektive wie objektive Bestandteile aufweist. Der natürliche Gegenstand, dessen Eigenschaft, real zu sein, darin besteht, wiedergegeben, photographiert werden zu können, wird »prismatisch« zerstreut. Die Assoziationen bilden den Effekt dieser Zerstreuung. Sie gehören gewissermaßen dem erweiterten Gegenstand an, sie bilden seine Surrealität, die nicht »wiedergegeben«, nicht »photographiert« werden kann, sondern »im Geist des Seins« aus den Assoziationen konstruiert werden muß wie ein intellektuelles Symbol, dessen Pathos (jedes Symbol ist pathetisch) unverkennbar bleibt. Expressionistische Prosa ist also weder deduktiv noch deskriptiv. Sie folgert nicht und sie beschreibt nicht, »Ausdruck« bedeutet für sie so viel wie Mitteilung einer Relation, die zwischen dem Gegenstand und dem Künstler besteht. Also nicht der Gegenstand, auch nicht der Künstler werden offenbar, sondern die Beziehung zwischen ihnen ist das Thema dieser Kunst. Weder »Objektmitteilung« noch »Existenzmitteilung« bedeutet die Mitteilung der »Expression«. Sie ist »Ausdruck« der Relation zwischen Objekt und Existenz, also »Relationsmitteilung«, wenn man in diesem Stile der Begriffsbildung bleiben will. Damit ist selbstverständlich der expressionistischen Prosa eine gewisse Mittelstellung zwischen deskriptiver und existentieller Prosa eingeräumt. Dient jene der Wiedergabe des Objekts, so widmet sich diese der Wiedergabe der Existenz. Aber die Realität der Beziehung zwischen Gegenstand und Existenz in einem denkenden, erkennenden, schöpferischen Akt kann ja nicht bezweifelt werden. Wir nennen diese Realität die Surrealität, die übergreifende, in den Gegenstand übergreifende Realität der Existenz und in die Existenz übergreifende Realität des Gegenstandes, deren Wiedergabe gerade die Relation zwischen Gegenstand und Existenz festhalten muß und unbekümmert um realen Gegenstand und reale Existenz bleiben darf. Genau wie die symbolische Redeweise Ernst Jüngers hat die expressionistische Ausdruckswelt ihren Platz zwischen Objektmitteilung und Existenzmitteilung, aber während die Jüngersche Symbolik in der Nachbarschaft der Objektmitteilung sich entwickelt, bildet sich der expressionistische Stil unmittelbar an der Existenzmitteilung. Ich habe einmal den Essay als die entscheidende literarische Kategorie unserer Jahre bezeichnet, als Ausdruck der Artistik des Experiments; denn wir leben in einem experimentellen Jahrhundert, das die Gesinnungen und Ideologien, die Systeme und Methoden, die Formen und die Stile in den Zustand der Probe versetzt. Es ist klar, daß ein adäquater Gegenstand keinen Versuch zuläßt. Nur mit Konfigurationen kann man experimentieren. Jünger erprobt das, was er auswählt. Benn generalisiert das Experiment. Daher ist Jüngers Symbolik stets von einem intuitiven Versuch begleitet; aber Benns Sprache und die ihr zugehörige Welt sind bewußt und konstruktiv. Es scheint, daß die Erfahrungen des Bewußtseins die Erfahrungen der Träume wesentlich übersteigen und für Poesie und Prosa bekömmlicher sind.

Übersieht man von hier aus die Welt, die in der Bennschen Prosa auftritt, die Welt des »Ptolemäers«, für den, wie es am Schlusse heißt, »alles ist, wie es sein wird«, so stellt sie sich als ein Komplex von Knoten und Fäden dar, als ein Knäuel aus Fortschritten und Rückschritten, aus Finsternissen und Glanzlichtern, aus Ganzheiten und Brüchen, die die Natur ebenso verfertigt wie die Technik, in der Gesellschaft ebenso möglich ist wie Individuation. Für dieses Knäuel ist weder ein Urteil von rechts, noch ein Urteil von links, weder die Sicht von oben, noch die Sicht von unten bedeutungsvoll, denn es ist nicht Aufgabe, zu urteilen, sondern zu existieren, und die Existenz entzieht sich beständig dem Urteil. Die Stadien Kierkegaards, die Stufen Hegels, die Klassen von Marx, die Typen Diltheys, Pessimismus oder Optimismus, Nihilismus oder Radikalität, für einen Ptolemäer ist alles Gedachte und Gelebte legitim. Sieht man genauer hin, erkennt man den alten Cartesianer in einer Jüngerschen Verkleidung der Zeit. Denn dies ist der einzige Berührungspunkt zwischen dem Mauretanier und dem Ptolemäer, daß beide eine außergewöhnliche Vorliebe für die stoische Maske haben, denn der preußische Adler fliegt für beide. Der Mauretanier sagt: »Wir formen nicht nur unser Schicksal, sondern auch unsere Welt«, der Ptolemäer fügt hinzu: »Ich drehe eine Scheibe und werde gedreht«. Beide Maximen sind nur cartesische Masken, die sich über zwei verschiedene Welten beugen, in deren einer alles ausgewählt und in deren anderen alles gegeben ist.

Jüngers Prosa transzendiert beständig — daher die Kraft der Strahlung, des Mythos und des Symbols. Benns Prosa macht immanent, daher wirkt sie angewendet auf Dinge und Ideen wie ein absorbierendes Mittel. Nichts fällt mehr aus ihr heraus. Sie vollzieht sich wie ein Akt gewaltiger Assimilation. Jünger berichtet, indem er die Symbole reden macht. Benn berichtet nicht, sondern assimiliert durch Sprache. Jünger wirkt psychologisch. Benn physiologisch. Das ist der Grund, weshalb die Prosa Benns sogar den Jargon erträgt, während Jüngers Stil ihn sofort zerstäuben würde oder daran zu Grunde ginge. Übrigens kann in einer transzendierenden Sprache weder die absolute Präzision, noch die Konstruktivität der technischen Welt stilistisch gegenwärtig sein, während in einer Sprache, die von der Immanenz der Dinge im Wort lebt, Konstruktion und Präzision der Technik selbstverständlich sind. Das völlige Versagen Jüngers, wenn an Stelle von Natur oder Tradition die Technik in ihrer funktionierenden Materialität in Erscheinung tritt, erklärt sich ausschließlich aus der inneren Anlage dieser Prosa, sich mit Hilfe der Mythologisierung der technischen Realität zu entziehen.

Ein Beispiel hierfür scheint mir die Schilderung jenes Augenblickes in Kirchhorst zu sein, da die amerikanischen Panzer an seinem Haus vorüberrollen. Nicht Soldaten im Sinne Moltkes kommen, sondern ein Trupp von Statistikern und Thermodynamikern, von Kurzwellentechnikern und Radarspezialisten — aber was beschrieben wird, das sind tatsächlich nur die Moltkeschen Soldaten auf rätselvollen Fahrzeugen, deren neue Zeit indessen in der symbolischen Kraft der Jüngerschen Worte keinen Ausdruck finden kann. Man lese nach und man wird finden, daß nur das Bild von der »magischen Angelpartie«, die »zum Fange des Leviathans« auszog, einen Eindruck hinterläßt, und dieses Bild gehört einer Symbolwelt an, in der die natürliche Fauna, aber kein einziges Zeichen der Faraday-Maxwellschen Gleichungen beheimatet ist.

Die Welt, die wir bewohnen, ist eine technische Welt. Man muß es dreimal sagen. Nicht die Ereignisse, die Funktionen bilden in ihr die Realität. Gerade dadurch gewinnt diese Welt an Abstraktion, daß mit der Zunahme der Perfektion die Funktionen sich verwickeln. Doch dadurch, daß diese Funktionen zugleich Ausdruck der tiefsten Koinzidenz von Rationalität und Materialität sind, gewinnen wir durch die Funktionen ein neues Verhältnis zu den Substanzen, daraus die Welt gemacht ist, und dieses Verhältnis ist weniger emphatisch als artistisch. Denn artistisch ist alles, was einerseits auf der technischen Beherrschung der Formen und andererseits auf der ästhetischen Authentizität des Geistes beruht. Die aktuelle Diagnose einer Prosa oder einer Poesie ist die Diagnose ihrer inneren Beziehungen zur Materie und zur Rationalität, deren artistische Einheit in allem Technischen ihren Ausdruck gewinnt. An Jünger und Benn kann abgelesen werden, wie weit dieses Verhältnis negativ und wie weit es positiv entwickelt sein kann. Jünger ist auch in dieser Hinsicht der Esoteriker, der sich entziehende Mensch, indem er sich eine »Herbstklarwetterklause«, eine »Marmorklippe« inmitten einer mauretanischen Welt erschafft; denn er verkündigt, beschreibt, konstatiert die mauretanische Welt, ja er nimmt selbst die Züge dieser Mauretanier an, aber er arbeitet beständig daran, daß diese Züge nicht mehr als eine Maske sind, eine frivole, proklamierende, vielleicht sogar ästhetische Maske, im Ganzen eine gewisse Dienstbarkeit gegenüber dem seit Hegel aufgerichteten nominellen Menschen, für den die Tarnung eine Sphäre des Daseins bedeutet. Natürlich besitzt Benn kein Talent zu solcher Tarnung. Er flieht vermutlich, aber er verschmäht die Maske. Jeder feudale, bürgerliche Zug der prachtvollen Isolation wird ersetzt durch einen proletarischen und polemischen Kontakt mit den Realitäten und den Produktionsmitteln des Lebens, das manchmal wie eine Ware betrachtet wird. Und nur in seltenen Augenblicken der Zärtlichkeit wird die alte »Finesse« des Geistes zurückgewonnen. Doch darf man nicht übersehen, daß Benn durch die selbstbewußte Technologie seiner Prosa beständig an der Zerstörung des »Ware«- und »Fetischcharakters« der Literatur arbeitet, während Jünger gerade diese Eigenschaften durch die Art seiner soziologischen Naivität, seiner dekorativen Mythologie, durch den Chiffregehalt seines Stils unermüdlich vermehrt. So verhalten sich technologische Progression und symbolistische Regression in der »rhythmischen Verfertigung der Schönheit«, von der Edgar Allan Poe schon 1849 gesprochen hat. Jünger geht gleichsam noch vor die »Ware« zurück, um den »Fetisch« unendlich auszuschöpfen, indessen Benn in dieser Hinsicht keine Zugeständnisse macht; er pflegt seine Prosa, wie Schönberg seine Tonkunst pflegt, auf deren warezerstörenden Charakter kürzlich Adorno in seiner »Philosophie der modernen Musik« aufmerksam gemacht hat: aus der Anstrengung der Sache.

Man spricht davon, daß in unserer Zeit wichtige spirituelle Entscheidungen fallen werden. Mir scheint, es sind Entscheidungen der Form, und ich habe oft den Eindruck, daß diese Entscheidungen früher und stärker im Gebiet der Malerei und Musik sichtbar geworden sind als auf den Blättern der Literatur. Ich will nicht berühren, was die Entscheidungen Kandinskys, Klees, Chagalls und Schönbergs für die Form — der Methode und der Ideen — im einzelnen geleistet haben. Nur, vermute ich, muß man die Ausdrucksfähigkeit und die Einbildungskraft der gegenwärtigen Artisten auch an ihnen prüfen, vielleicht sogar zuerst an ihnen, weil es doch um Grundlagen und um Formen geht, um Perspektiven, Proportionen, kurz um Maß- und Mißverhältnisse, um Optik. In dieser Hinsicht, meine ich, sind Thomas Mann, Hesse, Camus, Sartre, Jünger, Gide, Hemingway und Thomas Wolfe sekundär. Sie kommen sozusagen später in Betracht, indessen Benn nach vorne rückt, in die Reihe, der Kafka und Valéry angehören. Die Entscheidungen des Geistes fallen in den Formstrukturen und methodologischen Elementen, nicht in den Inhalten, den Gegenständen, die sich im Kreise drehen, wie der Ptolemäer sagen würde.

ÜBER DIE PROVOZIERTE
WILLENSFREIHEIT

Am 21. Dezember 1942 notiert Ernst Jünger in Navaginskij den Satz, daß dieser Krieg »wahrscheinlich die größte Auseinandersetzung über die Willensfreiheit« seit den Perserkriegen darstelle. Die Bemerkung wird nicht weiter ausgedeutet. Doch ist sie für die blitzartige Natur der Jüngerschen Erkenntnisfähigkeit bezeichnend. Sie ist aufgeladen mit einem Inhalt, der zwar pointiert ausgesprochen wird, aber keineswegs die Eigenschaft hat, zu stechen. Die Bemerkung ist sachlich, absichtslos und völlig ohne Vorwurf, aber sie erregt die Einbildungskraft derart, daß sie zwangsläufig einen Kommentar hervorruft. Auf diese Weise wird auch eine nichtverletzende Pointe zu einem dünnen, grellen, scharf ausgeblendeten Strahl, der weit reichen und tief eindringen kann.

Man kennt die großartige Auseinandersetzung über die Willensfreiheit, die Luther und Erasmus in ihren Briefen ausgetragen haben. Natürlich gab es Menschen, die dieser Auseinandersetzung mit einer tiefen Unruhe, einer bedrückenden Aufmerksamkeit zuhörten; ihr inneres Leben, ihre intelligible Existenz hing gleichsam vom Resultat dieser Polemik ab, in der sich Luther immer weiter offenbarte, indes Erasmus sich immer mehr entzog, so daß schließlich die Differenz theoretisch nicht aus der Welt geschaffen wurde. Im ganzen war hier Theorie System geblieben, was als konkreter Fall, als unmittelbare religiöse Provokation gedacht war. Der Krieg indessen, von dem Jünger spricht, wiederholt diese Auseinandersetzung nicht als Theorie, sondern als eine Summe konkreter Fälle. Jedermann weiß, zu welchen Entschlüssen der Vernichtung derjenige, der die Macht besaß, ausholte . . . und wie er auf diese Weise die Willensfreiheit jedes einzelnen, zu widerstehen oder zu gehorchen, genau an derjenigen Stelle provozierte, wo die Spur zwischen Gut und Böse, zwischen Menschlichkeit und Unmenschlichkeit, zwischen Tapferkeit und Verbrechen verlief. Widerstand er auch den Anfängen — dem Ende widerstand er nicht. Die Freiheit des Willens reflektierte schon im Anfang das Ende; so verbarg die Freiheit des Willens sich mehr und mehr vor dieser Freiheit; man flüchtete weder in das Gute, noch in das Böse, man flüchtete aus der Willensfreiheit selbst, die in einer Sphäre provoziert worden war, wo sie der Provokation selbst nicht mehr gewachsen sein konnte. Insofern war jener Krieg also der allgemeine Ausdruck einer kollektiv provozierten, weltgeschichtlichen Auseinandersetzung über die Willensfreiheit. Nicht ihre Theorie, ihre Praxis, die Praxis einer Theorie wurde erprobt, die Theorie selbst fiel bestenfalls wie ein blasser Schatten der Geschichte aus den großen Zeiten der »Theodizee« auf diese Praxis. Sollte die Provokation der Willensfreiheit durch eine Macht, die sich anschickte, theologisch gestimmt zu werden, nur deshalb so verhängnisvoll gewirkt haben, weil jener Schatten der Geschichte unbemerkt blieb, weil zwar der Befehl, aber nicht die provozierte Willensfreiheit, zu gehorchen oder zu widerstehen, theologisch verstanden wurde? —

Das ist eine rationale Überlegung zu Jüngers Notiz. Man kann sie fortsetzen, wenn man die rationale Natur jener Theodizee nicht übersieht, mit der die Willensfreiheit für alle Rationalisten zum ersten Male mit einem intellektuellen Raffinement ohne gleichen betrachtet worden war: Ich erinnere an die »Theodizee« von Leibniz aus dem Jahre 1710.

«Gott ist die erste Ursache aller Dinge« heißt es in dieser Theodizee (1, 7) und sogleich wird weiter geschlossen, daß »diese Ursache mit Verstand begabt sein« müsse; »denn die existierende Welt ist zufällig, und unendlich viele andere Welten sind ebenso möglich und streben sozusagen ebenso wie sie nach der Existenz. Daher muß die Ursache der Welt auf alle Welten Rücksicht oder Bezug genommen haben, will sie eine von ihnen zur Existenz bestimmen. Diese Rücksicht oder Beziehung einer existierenden Substanz auf bare Möglichkeiten kann nichts anderes als der sie vorstellende Verstand, und das Herausgreifen einer derselben nichts anderes als der sie erwählende Willensakt sein.« Und nun wird dafür eingetreten, daß dem Verstand jener Macht der ersten Ursache die Eigenschaften, dem Willen aber die Existenz der Dinge entspringt. Aber diese existentielle Lage Gottes in der Willensfreiheit wird noch weiter zugespitzt: »Gott hat seine Wahl unter verschiedenen möglichen Entschlüssen getroffen: also konnte er metaphysisch gesprochen ebenso gut auch nicht das Beste wählen oder tun, aber, moralisch gesprochen, konnte er es nicht . . . denn Gott traf seine Wahl aus Möglichem und deswegen traf er sie frei, durch nichts genötigt: es gäbe weder Wahl noch Freiheit, wenn überhaupt nur eine einzige Entscheidung möglich gewesen wäre.« (II, 234, 235).

Wir nennen diese existentielle Lage Gottes in der Willensfreiheit der Wahl eine rationale Lage, weil der Wahl die Überlegung, der metaphysische und physische Vergleich der möglichen Welten vorangeht.

Nicht Emotionen und Intuitionen bilden die Freiheit des Willens, sondern Überlegungen. Die Freiheit des Willens vermittelt zwischen Vernunft und Existenz. Die Theodizee der Willensfreiheit ist der natürliche Ort, in dem das existentielle Denken der freien Wahl und das rationale Denken des strengen Beweises zusammentreffen. Jüngers Notiz wirkt wie eine Blende, durch die ein Strahl aus der klassischen Theodizee auf das zeitgenössische Faktum des Krieges fällt, und dieser Strahl gehört natürlich den »Strahlungen« an, deren ganzes Spektrum eine lichtmetaphysische Quelle besitzt, deren historischer Ort bei Witelo, Augustinus oder Plotin gefunden werden kann. Auf der anderen, zeitgenössischen Seite fällt natürlich jener Strahl aus der Theodizee auf den ganzen Existentialismus. Es scheint, daß dieser Existentialismus nichts anderes als die ungeheuere Rekapitulation der klassischen Theodizee darstellt. Ihre ins Irdische eingehauene Abbreviatur.

Leibniz selbst ermöglichte den Übergang: ». . . da der göttliche Beschluß einzig und allein in dem Entschlusse besteht, nach einem Vergleiche aller möglichen Welten die beste von ihnen auszuwählen und ihr mitsamt allem Inhalt Existenz zu geben durch jenes allmächtige ›Fiat‹, so liegt es auf der Hand, daß dieser Beschluß nichts an der Beschaffenheit der Dinge ändert und daß er sie in dem Zustande beläßt, in dem sie sich schon als reine Möglichkeiten befanden; d.h., daß er nichts an ihrer Essenz oder Natur und sogar nichts an ihren schon vollkommen in der Vorstellung dieser möglichen Welt enthaltenen Akzidenzen ändert. Das Zufällige und Freie verbleibt demnach in seinem Zustande angesichts der göttlichen Beschlüsse wie auch angesichts der Vorsehung.« (I, 52.)

Sofern Gott aus freiem Entschluß dem Menschen Existenz verliehen hat, kann er die Eigenschaften dieser Existenz nicht mehr bestreiten oder verändern. Nicht in seiner Existenz, wohl in seinen Eigenschaften ist dieser Mensch frei, und in diesem Sinne geht tatsächlich, wie Sartre behauptet hat, die Existenz des Menschen seiner

Essenz voran. Zu dieser Essenz gehört die Freiheit des Willens, die der Mensch besitzt, und diese Freiheit des Willens, die das Geschöpf Gottes gewissermaßen nur rekapituliert, wenn er aus der Theodizee in den Existentialismus übertritt, kann selbst von Gott ohne Zerstörung des Menschen nicht aufgehoben werden. Jede Auseinandersetzung über die Freiheit des Willens ist theologisch, sofern sie von der Freiheit Gottes, Existenz zu setzen oder nicht zu setzen, ihre Legitimität erhält, aber sie ist menschlich, sofern das Geschöpf Gottes durch diese theologische Erinnerung erst den vollen Umfang seiner Freiheit erfährt. Jede zeitgenössische Auseinandersetzung über die Freiheit des Willens ist selbst ein Ausdruck dieser Freiheit des Willens; sie rekapituliert das alte Spiel der Theodizee, in das sich der Mensch einmischt, um die Vielfalt seiner Attribute zu erfahren. Denn nicht nur in einem System Hegels gilt der Satz, daß sich der Mensch zunehmend um den Umfang seiner eigenen Möglichkeiten bemühe; der Satz ist wahr für Cartesius und Pascal, für

Ptolemäer und Mauretanier. Von hier aus leitet sich das Selbstverständnis des Existentialismus ebenso deutlich ab wie sein geschichtliches Recht, nichts anderes als die theoretische Explikation der menschlichen Willensfreiheit, wie sie im Kriege provoziert worden war, unter den Zeitgenossen zu vollziehen.

Denn der Mensch ist das Wesen, das provoziert werden kann. Er ist gewissermaßen auf Provokation angelegt. Diese Natur folgt aus dem paradoxen, ja absurden Bau, der ihm in der klassischen Theodizee zugestanden wird. Pascal definiert ihn aus dem »Elend« und der »Größe«, das schwankende, aber denkende Schilfrohr ist die Metapher. Descartes entdeckt in ihm die Möglichkeit der beständigen Täuschung. Leibniz notiert: »Ich wundere mich nicht, die Menschen zuweilen krank zu finden, wohl aber erstaune ich, daß sie dies so selten, ja daß sie es nicht ständig sind. Darum müssen wir auch das göttliche Kunstwerk des tierischen Mechanismus immer mehr bewundern, dessen Schöpfer so schwache, dem Verderben ausgesetzte und dennoch so existenzfähige Menschen erzeugt hat.« (1, 1.) Jede Provokation richtet sich ihrer Natur nach gegen die dem Verderben ausgesetzten Wesen, und was in diesen zerbrechlichen Geschöpfen, denen Theodizee nur eine sehr schwache Vollkommenheit einräumt, provoziert werden soll und auch tatsächlich provoziert wird, das ist das Maß ihrer Freiheit des Willens, dem Verderben zu entgehen oder nicht zu entgehen, zu widerstehen oder zu gehorchen. Die Möglichkeit der Provokation setzt die Willensfreiheit voraus. So kann im Grunde stets nur die Willensfreiheit provoziert werden, und sie wird dort am ehesten provoziert, wo man nicht mehr die Möglichkeit besitzt, die Eigenschaften beliebig auszuwechseln. Daher ist es immer ein Satz der Theodizee, daß Gott den Menschen in seinen Eigenschaften nur versuchen oder provozieren, aber nicht ändern kann. Und jeder existentielle Denker oder Schriftsteller rekapituliert diesen Akt der Provokation, weil er längst bemerkt hat, daß die Hinfälligkeit des Menschen zu seinen unveränderlichen Merkmalen gehört. Die Zerbrechlichkeit ist legitim, sagt der Ptolemäer, indes der Mauretanier von den heilsamen Ingredienzen überzeugt ist.

Wenn also, wie Jünger notierte, der Krieg die größte Auseinandersetzung über die Willensfreiheit seit den Perserkriegen darstellt, so ist zu ergänzen, daß diese Auseinandersetzung noch nicht beendet wurde. Der Krieg provozierte die Willensfreiheit, und in der existentiellen Prosa wird diese Provokation fortgesetzt, um die Willensfreiheit, die verletzt wurde, überhaupt wieder in Gang zu bringen. Hinzukommt, daß weder in einer mythologischen Natur, noch in einer theologischen Kultur der menschlichen Freiheit des Willens eine unveräußerbare Funktion innerhalb der bewohnbaren Welt zukommt. Erst in einer Zivilisation der technischen Welt gewinnt die menschliche Willensfreiheit den Rang einer ontologischen Funktion.

Erst in dieser Zivilisation geht die rationale Überlegung mit Notwendigkeit der

Freiheit des Willens voran und folgt auf diese Freiheit das, was »Engagement« in der zeitgenössischen Welt genannt wird.

Erst in der Zivilisation ist die Willensfreiheit selbst ein Akt der Intelligenz, und bilden Überlegung, Freiheit und Engagement eine sinnvolle, ich möchte sagen: motorische Einheit in der Selbstverfertigung der Persönlichkeit im soziologischen Nivellement der Masse.

Der Techniker der Revolte, der Anarchist bedeutet in dieser Welt eine Möglichkeit des »Existierens«; das revoltierende Stadium gewinnt den Rang eines existentiellen Stadiums; Bakunin tritt neben Kierkegaard, wenn es sich darum handelt, den Einzelnen aus der Menge zurückzugewinnen, den Einzelnen ohne jede Idealität, einzig und allein ausgezeichnet mit den Zeichen der äußersten Realität, die konkret und singulär ist.

Erst hier folgt aus der Freiheit des Willens, zu gehorchen oder zu widerstehen, und zwar den Befehlen so gut wie den Wünschen, den Methoden so gut wie den Ideologien, den Erfahrungen so gut wie den Gedanken, die Konklusion des potenzierten Schreckens und Verderbens.

Was provoziert wird, ist die Willensfreiheit als eine Funktion des Daseins, sehr viel weniger der Inhalt, um den es in dieser Willensfreiheit geht. Die Technik der gesamten existentiellen Prosa kann dementsprechend auf die Technik der Provokation zurückgeführt werden, und was vorausgesetzt wird, das ist die legitime Zerbrechlichkeit des Menschen, die außerhalb einer Theodizee, dem letzten Abglanz der klassischen Theodizee, — formuliert worden ist. Was die existentiellen zeitgenössischen Denker, Heidegger, Jaspers, Sartre, Kafka, Camus usw., aufnehmen und was davon in zeitgenössische Literatur umgesetzt wird, kann seinen Ursprung nicht verleugnen. Heideggers »Sorge«, Jaspers »Scheitern«, Sartres »Ekel«, Kafkas »Täter« im »Prozeß« explizieren jene Verderblichkeit des Menschen, die in der klassischen Theodizee eingeräumt worden war, Eigenschaften, denen sich selbst Gott nur als Provokateur nähern kann, Eigenschaften, die sich nur in einer Zivilisation der technischen Existenz wie unmittelbare Funktionen des kollektiven Daseins ausnehmen und nun von den Literaten dieser Zivilisation als Elemente der Technik der Provokation benutzt werden. In Kafkas »Prozeß« gibt es einen Täter, einen sorgfältig und planmäßig konstruierten »Täter«, dessen unauswechselbare Eigenschaften wie in einer Theorie dargestellt werden. Das Verbrechen fehlt. Das Verbrechen wird nicht ausgesprochen. Es gehört zu den Eigenschaften dieses Täters, über die er selbst, der Täter in seiner Willensfreiheit oder der Leser in seiner Willensfreiheit, aber nicht der Autor, der Schöpfer des Täters entscheiden kann. Hier ist Kafka ein Gegenspieler zu Edgar Allan Poe, bei dem das Verbrechen genau fixiert wird, so genau endlich, daß nur eine einzige, berechenbare Figur der Täter sein kann. Über das Verbrechen im »Prozeß« entscheidet nicht mehr der Täter oder gar der Autor. Darüber entscheidet der Leser, jedenfalls wird seine Freiheit des Willens in dieser Hinsicht auf das höchste provoziert . . ., er wird auf ein eigenes, mögliches Verbrechen gestoßen, auf die Möglichkeit, daß in dieser Welt so etwas wie Verbrechen überhaupt sein kann und er womöglich Anteil daran hat, verwiesen. Es ist leicht einzusehen, daß eine solche Literatur mehr und mehr die Tonart eines fortlaufenden, eindringlichen Traktats annimmt, der abbricht, wenn der Leser vollständig provoziert ist; die Kategorie des Abbrechens, signifikant für die gesamte Kafka'sche Literatur, ist eine echte Kategorie der provozierenden Literatur. Auch ein Tagebuch bricht ab. Jüngers »Strahlungen« brechen ab. Aber dieses Abbrechen ist nicht Ausdruck der Provokation, sondern der Erschöpfung des Autors und seiner Historie. Der existentielle Provokateur ist jedoch gerade im Augenblick des Abbrechens am wenigsten erschöpft, seine Historie ist gerade hier am wenigsten beendet, sie beginnt eigentlich erst, denn sie beginnt, wenn die menschliche Willensfreiheit des Lesers sich zu entwickeln beginnt. Natürlich lenken

Kafka, Sartre, Camus oder auch Aragon in seinem Roman »Les voyageurs de l'impériale« — dessen Provokation den proletarischen Manierismus des »Kommunistischen Manifestes« rekapituliert — die Freiheit des Willens in die ethische Richtung. Manchmal gibt es bei Kafka, ja sogar bei Sartre einen Anflug von jener religiösen Provokation, der — nach dem Bericht Kierkegaards in »Furcht und Zittern« — Abraham auf dem Berge Moira ausgesetzt war. Und in diesem Anflug bleibt es völlig gleichgültig, ob Sartre als Atheist oder Kafka als Christ spricht. Denn der reinen Funktion der Provokation der Willensfreiheit sind die Inhalte zunächst gleichgültig. Aber eines scheint mir ganz entscheidend, wenn ich hier darauf zurückkomme, daß die primären Entscheidungen unserer Zeit Entscheidungen der Form, der Optik, der Maßverhältnisse, der Artistik sind, die Tatsache nämlich, daß es nicht nur eine ethische oder religiöse Provokation der Willensfreiheit gibt, sondern auch eine ästhetische. Ich vermag einfach alles, was unter dem Ausdruck »Moderne Kunst« — und ich meine Prosa, Poesie, Malerei und Musik, Benn, Picasso und Schönberg — nicht anders als unter der Kategorie der Provokation der ästhetischen Willensfreiheit zu sehen. Hat man einmal verstanden, daß in dem gleichen Sinne, wie zur Güte der freie Entschluß zur Güte gehört, auch zur Schönheit ein Akt der freien Wahl, ein Akt der Entscheidung für das Kunstwerk hinzukommen muß, damit durch das Bild, durch die Prosa, durch die Komposition das ästhetische Stadium des Lesers oder des Hörers eingeleitet wird, so verwandelt sich die kantische Maxime »schön ist, was ohne Interesse gefällt« in »schön ist, was durch Interesse gefällt«. Eine solche Formel wäre durch und durch existentiell — und sie wäre provokatorisch, insofern sie das »Interesse« bestimmt sein läßt und zur Aufgabe der Kunst macht, es selbst in völliger Bestimmtheit hervorzubringen in Bezug auf das »Bild« Picassos, das »Statische Gedicht« Benns oder die ungefällige Musik Schönbergs.

Eine solche Ästhetik, die von einer provokatorischen Aufgabe der modernen Kunst spricht, hätte natürlich vorauszusetzen, daß auch die ästhetischen Stadien des Menschen zu den leicht verderblichen Dingen gehören. Nun, was der artistischen und stilmäßigen Turbulenz, die seit der Neuromantik, seit dem Jugendstil und seinem zugleich naturalistischen wie symbolistischen Manierismus, den existentiellen Rang verleiht, ist gerade die Hinfälligkeit aller klassischen künstlerischen Formen der bürgerlichen Welt, die in dieser Turbulenz evident geworden ist. Ich kenne zur Zeit in Deutschland niemanden, der tiefer als Benn begriffen hat, daß auch der ästhetische Genuß die menschliche Willensfreiheit zur Voraussetzung hat und daß die ästhetische Provokation dieser Willensfreiheit zur Aufgabe der Kunst gehört. Jüngers Prosa provoziert nicht, dadurch unterscheidet sie sich von Kafka, Camus, Aragon, Benn. Dadurch bekundet sie auch, daß sie zur Prosa des neunzehnten Jahrhunderts, zur klassischen Prosa, zur Ästhetik der bürgerlichen

Sphäre kein Mißverhältnis hat; sie ist ihr letzter Glanz. Die Problematik der artistischen Freiheit des menschlichen Willens geht in sie ebenso wenig ein wie die technische Existenz. Das bringt mich darauf, hinzuzufügen, daß die »rhythmische Verfertigung der Schönheit« die, wie gesagt, Poe als bewußtes Prinzip ästhetischer Technologie erkannt hat, stets als Test für die Feststellung der Immanenz der Technik in einer Prosa dienen kann. Prousts große Romane sind glanzvolle Beispiele für eine solche Immanenz der Technik in der Prosa, und erst kürzlich hat Forster in seinen »Ansichten des Romans« darauf aufmerksam gemacht, welche Rolle der Rhythmus in den Proustschen Texten spielt. Tatsächlich darf man von einer rhythmischen Verfertigung der berühmten »Erinnerungsbilder« sprechen. Von ihnen läuft eine direkte Linie über Joyce zu Kafka, dessen Monotonie ebenso rhythmisch verfertigt ist wie seine Provokation rhythmisch arbeitet. Benns Begriff des Artistischen hat ebenso den Sinn des Rhythmischen wie den Sinn des Technischen. Die Prosa des »Ptolemäer« ist in dem Umfange technologisch verfertigt, als sie rhythmisch gebaut ist, ganz davon abgesehen, daß der Rhythmus zum Takt des ptolemäischen Daseins gehört. Jünger ist ja Platoniker, Jäger, Fischer, wie die platonischen Bilder für den Entdecker lauten. Schönheit wird hier bestenfalls aufgesucht, nachdem ihr Ort bekannt wurde. Vielleicht wird sie auch noch zum Strahlen gebracht. Dennoch bleibt sie beiläufig, reine Okkasion, versteckt hinter den Moralitäten. Denn man spricht doch in der Tonart des unvollständigen Konvertiten von der Schönheit im Sinne einer Epiphanie Gottes, keineswegs im Sinne einer menschlichen Möglichkeit, und die Epigonen wiederholen diese Tonart und reden in auffälliger Konsequenz von der Rechtfertigung des Romans allein aus der Theologie. Die Prosa mag also Metrum haben, Rhythmus hat sie nicht. Ihre Monotonie hat weder eine absorbierende noch eine provozierende Kraft; denn sie vermeidet die Periodizität, um in keinem Augenblick die

Freiheit der Emotionen zu unterdrücken, deren Ranken nötig sind, um die »letzte Epiphanie« zu schmücken.

Jüngers Prosa ermöglicht die Spiegelungen; sie ermöglicht, daß Kafka und Benn darin gespiegelt werden, um ihre Methode zu erkennen. In diesem Sinne gehört Jünger in ein systematisches Jahrhundert, in dem die menschliche Willensfreiheit nicht provoziert zu werden brauchte, und gehören Kafka und Benn in ein experimentelles Jahrhundert, in der die menschliche Willensfreiheit zwangsläufig provoziert werden muß. Man kann es auch so ausdrücken: mit Jünger geht eine Prosa zu Grunde, deren Voraussetzung eine Theodizee war, mit Benn bestätigt sich eine Prosa, deren Voraussetzung eine Theorie der Existenz bildet, die er mit dem Siegel des »Ptolemäers« versieht, für den die Welt eine Scheibe ist, die sich dreht und in deren Mitte er sitzt, Glasbläser oder Besitzer eines Schönheitsinstituts, Artist mit dem Sinn für menschliche Überlegenheit und dennoch frei von Frivolität.

PTOLEMÄER UND MAURETANIER, NOCH EINMAL

»Rappelle-toi« — stand auf einem uralten Stein, den wir vor ein paar Wochen bei einer zerfallenen Bergkapelle der Provence fanden, ein Reststück aus dem Gerümpel Europas, das den Augen der Antiquitätensammler entgangen war.

Ich erinnere mich oft und gern, daher berührte mich die Inschrift. Außerdem traf ihr Erscheinen zusammen mit dem Neudruck meiner kleinen Schrift aus dem Jahre 1950 *Ptolemäer und Mauretanier*. Erinnerungen, die Persönliches, also Gedachtes, Geschriebenes oder Erlebtes betreffen, setzen keineswegs nur Emotionen, sondern auch Gedanken in Bewegung; sie können sich zu Urteilen und Testen, zur Selbstkritik, zu Wiedergutmachungen, zu oberflächlichen Erweiterungen oder gefährlichen Vertiefungen umbilden; sie schwanken zwischen unseren Launen, aber auch zwischen unseren abstrakten und konkreten Weltbezügen, und zuweilen fällt uns dann die Bemerkung Pascals ein, daß der Mensch ein schwankendes »Schilfrohr« sei. Jedenfalls fügt die Erinnerung (oder die Wiederbegegnung) einer Sache dieser gleichermassen etwas hinzu und zieht etwas ab.

Jetzt habe ich also die Wiederbegegnung mit dieser Schrift, die vor 34 Jahren entstand. Die Erinnerung daran und das erneute Lesen bereitet mir keine Schwierigkeiten; es ist fast wie ein erneutes Schreiben.

Ich erkenne mich wieder. In allen Zustimmungen und allen Ablehnungen. Offenbar hat das Selbstgeschriebene gelegentlich auch die Fähigkeit, mich noch einmal mit einer nicht-heraklitischen Geste in denselben Fluß zu locken. Sogar gewisse für mich eigentümliche Wort- und Satzzusammenhänge blieben mir in keinem Augenblick des Lesens fremd. Da ich die deutsche Sprache liebe — der Prosa, der Wissenschaft und der Poesie — auch wenn ich sie nicht als die Sprache der Vernunft, wohl aber als Sprache des Denkens oder dessen, was nur denkend zu erscheinen vermag, betrachten kann, zog mich auch jetzt wieder die eigene Bildung meiner Aussagen zwischen denen Gottfried Benns und Ernst Jüngers hin und her oder auf und ab wie damals, als ich das Buch schrieb.

Noch immer kann ich nicht umhin, zwischen der Vertikalität einer Aussage und der Horizontalität ihrer Ausdrucksbewegung zu unterscheiden. Das erste betrifft das Hervorstreben der Wahrheitswerte, das zweite die Ausbreitung des Schreibens auf den Zeilen in der Fläche. Erst beide bestimmen den Text zum zweidimensionalen Medium der übertragbaren Information und Kommunikation, aber auch der ästhetischen Strukturen, die er experimentierendfrei (Essay) oder explikativ-implikativ (Theorie) entwickelt. Es kommt immer auf die Verteilung der Gewichte an. Ich sehe in Benn immer noch den mächtigen Vertikalisten und in Jünger immer noch den schillernden Horizontalisten. Zwei Existenzformen geistiger Aktivität, durch die das Medium der elitären Sprache in den zwanziger, dreißiger und vierziger Jahren in Deutschland bestimmt und begrenzt wurde. Ein Medium angesichts dessen ich mich heute noch für Gottfried Benn entscheiden würde, weil es für ihn kein Problem war von der theoretischen Sprache der Wissenschaft in die poetische Sprache des Essays und der Literatur überzuwechseln.

Während Jüngers literarische Existenz das Elitäre als die Thematik seiner Sujets und als Erlebnis ihrer Erfahrung verstand, bedeutete Benn das Elitäre die Existenzform seines Denkens und Schreibens selbst, das aggressive oder wohlwollende kritische Volumen eines assoziativen Stils und Ausdruck eines sich selbst immer wieder als individuelle Wesenheit setzenden Daseins, das wiederum die Intelligenz als Macht über sein Leben gesetzt hat. Eine »Stimme hinter dem Vorhang«.

Ich wüßte nicht, welche vitalen, geistigen und existenzsetzenden Ereignisse innerhalb der deutschen literarischen Produktion nach dem Kriege so mächtig, so faszinierend, so kreativ wirksam wären,

mich dazu bewegen zu können, jenes Konfinium zwischen platonischer Freundschaft
und platonischer Feindschaft zu desavouieren oder zu vergessen.

9. März 1984   *Max Bense*